LA TYRANNIE DÉTRUITE.

DISCOURS

Prononcé à Troyes, sur l'anniversaire de la mort du dernier roi des Français, le 2 Pluviôse an VII.

Descends du haut des cieux, auguste Vérité !
Répands sur mes discours ta force & ta clarté !
De tes brillans éclats, viens éclairer nos ames,
Annoncer des tyrans les détestables trames.
Vérité ! que les rois, ces illustres ingrats,
Sont assez malheureux pour ne connoître pas :
Vérité, don du ciel, viens régner dans nos cœurs,
Confondre l'injustice, pardonner à l'erreur !

VOLTAIRE.

AU PEUPLE FRANÇAIS.

IL ne suffisoit pas au peuple Français d'avoir renversé le trône du despotisme, détruit la tyrannie et l'esclavage, sous lesquels il gémissoit depuis 14 siècles, et recouvré cette liberté précieuse dont l'Être-Suprême l'avoit doué en naissant, le despote existoit. Ses satellites, les brigands décorés, le clergé imposteur et cruel, aiguisant dans l'ombre du mystère ses couteaux sacrés, se préparoient à renouveller la nuit du 24 août 1572, et à relever les bûchers de l'Inquisition.

A "

Le 23 juin 1789 , le *soixante-sixième* tyran ose se qualifier du titre de restaurateur de la liberté , et se montrant au milieu des Représentans du peuple, sans y être appellé, sans leur aveu , environné de ses esclaves armés , prononce ces mots : *J'ordonne ; le roi veut.*

Montmorin , son ministre adresse ensuite une proclamation aux puissances étrangères, par laquelle le tyran proteste de son attachement à la constitution française , et à la liberté , qu'il jure de maintenir.

Quelques jours après , cet ami prétendu de la liberté , en devient l'assassin ; prend lâchement la fuite , en laissant une protestation parjure contre cette constitution, dont il s'étoit dit le plus ferme appui.

Ce lâche fugitif arrêté à *Varennes* , et ramené à *Paris* , et le champ de Mars fut souillé du meurtre des citoyens.

L'impunité le fait marcher de forfaits en forfaits : aussi cruel, mais plus lâche que *Charles IX* , il s'enfuit dans un asile qu'il savoit inviolable et sacré , après avoir passé en revue ses assassins , et leur avoir donné ses ordres pour porter le dernier coup à la liberté.

Alors la scene change : le peuple se montre : les traîtres reçoivent la mort pour prix de leur perfidie. Le tyran qui se repaissoit d'avance du plaisir barbare de faire massacrer le petit nombre de législateurs qui étoient restés fidèles au peuple et à la liberté, voit toutes ses espérances évanouies : le peuple est vainqueur ; et toujours juste et grand dans ses vengeances, il respecte les jours de son assassin, pour le livrer aux lois qui devoient le punir.

Une Convention nationale est appellée pour prononcer sur son sort. Les intrigans s'agitent, se voilent d'un feint patriotisme, se font nommer à la Convention pour le sauver. Vains efforts ! la saine majorité des représentans, fideles aux vœux du peuple, abolit la royauté, condamne le tyran à payer ses forfaits de sa tête ; et les Français sont vengés de 14 siècles d'esclavage.

S'il est encore des êtres assez vils, assez stupides, assez lâches pour regretter les rois, ils ne peuvent exister que dans cette race de tyrans secondaires, qui ne s'engraissoient que du sang le plus pur du peuple, dans ces insectes rampans qui, dans leurs vils écrits déifioient les rois, élevoient des statues à la tyrannie ; et par de basses adulations tournoient leurs vices en vertu, leur barbarie en actes de justice, leurs crimes en foiblesse.

Souffrez, citoyens, que je vous retrace brièvement la vie de ces *soixante-six* rois, imbécilles ou fainéans, alliants le despotisme au fanatisme, cruels, sanguinaires, abusans du titre sacré de pere du peuple, pour en faire la victime de leurs caprices , de leur luxe , de leurs passions , de leur ambition et de leurs débauches.

Chronologie des rois de France.

La chronologie française les divise en 3 *races.*

La première des *Mérovingiens* , qui eut pour tige *Pharamond* , n'offre dans la personne de ce premier tyran qu'un soldat heureux , qui fut porté par les siens sur un bouclier , et proclamé *dux* ou *chef* : il usurpa ensuite le titre de roi ; ses successeurs furent des rois fainéans , hypocrites , barbares , sans courage ni vertus ni mœurs.

La deuxième race des *Carlovingiens*, nous présente un *Charlemagne* , qui , alliant la débauche et le fanatisme à la scélératesse et à l'hypocrisie , dépouilloit les habitans des campagnes pour enrichir des temples et des monastères. Il fonda différens *évéches* , *vingt abbayes* , repaire des hypocrites , des fainéans , de la perfidie , de l'imposture , du mensonge et de tous les crimes secrets ; augmenta les donations faites au pape par *Pepin*, ce qui le fit absoudre de tous ses forfaits , et canoniser ensuite par la cour de *Rome*.

La troisieme race des *Capétiens* , commence par *Hugues-Capet* , usurpateur de la couronne sur les descendans de Charlemagne : il introduisit le gouvernement *archiféodal* , et donna au peuple autant de tyrans qu'il y avoit de ci-devant seigneurs.

Robert, son successeur, fait brûler à *Or-léans* des chanoines accusés d'hérésie, compose des hymnes, récite son rosaire, bâtit des églises, dote richement des moines.

Louis VII, après avoir mis tout à feu dans les campagnes de *Vitry* fait périr dans les flammes 1500 infortunés qui s'étoient retirés dans le temple de cette ville, comme dans un asile sacré.

Philippe II, croiseur impitoyable, fait assassiner les *Albigeois* pour la plus grande gloire de Dieu : au siège de *Béziers* par l'armée des croisées, le chef des croisées montant à l'assaut, demanda au légat du pape ce qu'il devoit faire dans l'impossibilité de distinguer les catholiques des hérétiques. Ce prêtre sanguinaire répondit : *tuez-les tous, Dieu connoîtra bien ceux qui sont à lui.* L'exécrable *Dominique* dirigeoit cet assaut à la tête des moines et des cagots.

Louis IX dit Saint-Louis, fonde des monasteres, dote des couvens, prêche comme *Mahomet*, le sabre à la main, passe en *Asie* pour combattre des peuples qui adoroient la divinité d'une autre maniere que la sienne, fait périr dans l'isle de *Chypre* le tiers de son armée, dissipe les trésors de sa patrie. Prisonnier à *Damiette*, sa rançon coûta à la France huit mille pesants d'or : en revanche il rapporta *des os de morts* et des *morceaux de bois*. Le fanatisme le fait rembarquer 24 années après pour assiéger *Carthage* et *Tunis*: il mourut de la peste ; le *despote ultramontain* le canonisa pour avoir occasionné le malheur et la ruine des Français.

Philippe-le-Bel ordonna le supplice des *Templiers*.

La deuxième partie de la race des Capetiens, *dite de Valois*, nous rappelle un *Charles V*. Il envoie le *duc de Berry* contre les habitans de *Montpellier* qui s'étoient soulevés au sujet des vexations qu'on exerçoit contr'eux de la part de ce tigre couronné. A l'approche de son armée, ils lui adressent leurs consuls la corde au cou, en habits déchirés, suivis des gens d'église avec la croix, criant tous : *Miséricorde*. *Berry*, entré dans la ville, voit hommes, femmes, jeunes et vieux, implorant à genoux sa clémence. Loin d'être ému par ce spectacle attendrissant, il en fait pendre 200, décapiter autant, brûler vifs 200 ; confisquer leurs biens, et déclarer leurs enfans infâmes.

Ce trait de barbarie me rappelle celui exercé dans ma patrie, et sous mes yeux par *Claude-Amour Bouillé*, le 31 août 1790. Son manifeste imprimé à *Toul*, distant de *Nancy* de cinq lieues, placardé au moment où il ouvroit les portes à coups de canons, portoit qu'il ne venoit que pour rétablir l'ordre dans la garnison de Nancy, en vertu du décret de l'Assemblée nationale du 16, et invitoit les gardes nationales de Nancy à se réunir à celles qui étoient à la suite de son armée. Croiriez-vous, Citoyens, qu'au moment où notre garde nationale se présenta pour recevoir celle de *Metz*, cette dernière fit feu sur elle : ce qui vous étonnera encore plus, c'est que le second décret qui commettoit un général pour faire rentrer la garnison dans l'ordre, datoit du 2 septembre, avoit été sanctionné le même jour par le ci-devant roi, et que *Bouillé*, s'étayant de ce décret dont il ne pouvoit avoir eu connaissance, mit à six heures du soir le siège devant Nancy, coupa les portes à coups de canons, fit faire dans toutes les rues une fusillade qui dura jusqu'à huit, et n'épargna ni vieillards, ni femmes, ni enfans.

Je conviens, Citoyens, que j'anticipe sur les forfaits du dernier tyran ; mais l'analogie qui se trouve avec lui et le précédent, me détermine à tracer ici les horreurs, les assassinats et la perfidie du premier

Cette journée fatale qui annonçoit une contre-révolution décidée, coûta la vie à huit cents personnes

Les victimes ne suffisant point à la férocité de *Bouillé*, il fit tenir le lendemain conseil de guerre sur la grande *place de grève :* ensuite duquel on pendit 22 Suisses du régiment de Château-Vieux, le vingt-troisième fut rompu vif, et 180 condamnés, par grace spéciale , aux galères. On incarcéra 200 citoyens de la garde nationale , avec ordre aux juges qui étoient alors dévoués par état à la royauté , d'instruire leur procès au grand criminel. Le régiment du ci-devant roi, qui étoit le premier moteur de l'insurrection , et celui de Mestre-de-camp, qui tous deux avoient provoqué les Suisses à se ranger de leur parti , furent simplement envoyés dans d'autres garnisons.

Je dois rendre hommage à la vérité : les juges eurent l'humanité de traîner les informations en longueur , pour donner le tems aux citoyens accusés de faire parvenir leurs réclamations à l'Assemblée nationale ; et après quelques semaines de détention , ils obtinrent un décret qui prononça leur mise en liberté.

Je reviens , Citoyens , aux tyrans de la seconde partie de la *troisième race des Capétiens.*

Charles VI réduisit *Courtrai* en cendres , parce que cette ville célébroit, tous les ans , une défaite des Français , et conservoit cent paires d'éperons dorés que les Flamands avoient pris sur eux dans une bataille , soixante ans auparavant.

Charles VII assassine *Jean, duc de Bourgogne,* fait brûler le maréchal de *Retz* comme sorcier , et laisse périr dans les supplices les plus cruels *Jeanne-d'Arc* qui avoit sauvé son royaume.

Louis XI fait pendre, sans forme de procès, *cent citoyens de Rheims*, pour s'être soulevés contre les vexations des *commis aux gabelles*; il fait décapiter *Jacques d'Armagnac*, son cousin, avec la barbarie la plus rafinée, en plaçant les enfans de cet infortuné, *revêtus de robes blanches, sous l'échaffaud, pour y recevoir le sang de leur père :* il fait ensuite enfermer ces innocentes victimes dans des cachots faits en forme de hottes, pointues par le fond, les en fait sortir deux fois par semaines pour être fustigés, et par un raffinement de cruauté ordonne qu'il leur seroit arraché une dent de trois mois à autres. Joignant l'hypocrisie à la cruauté, il portoit à son chapeau *une petite vierge de plomb,* à laquelle il demandoit pardon des forfaits qu'il se disposoit à commettre. Il avoit fait bénir a *Rome* un crucifix, devant lequel il juroit ses alliances, signoit ses traités, et qui récéloit sous le pied, *un bref du pape,* qui annulloit ses promesses et ses sermens.

Louis XII ne fut ni bon père, ni bon fils, ni bon époux. Il donna au cardinal *Borgia,* bâtard d'*Alexandre VI*, trois mille ducats, une compagnie de *cent lances*, cent mille livres de pension, le duché de *Valence*, et une femme au gré de ce prêtre incestueux, pour être autorisé, par la cour de Rome, à répudier la sienne.

Je ne me bornerai pas au concordat simonique de *François Ier.*, 57e. tyran. Il suffit, pour rendre sa mémoire odieuse, de gémir sur les massacres commis par ses ordres, sur les malheureux *Vaudois*. Vingt-deux bourgs réduits en cendres ; vingt mille innocens massacrés par la rage sacerdotale ; ses soldats tranchant la tête aux ministres protestans, éventrant les femmes, leur coupant les mamelles, les attachant à la queue des chevaux, pour les traîner à travers les rochers, les enfans mis en pièces dans leurs berceaux, les têtes des victimes portées en procession, pour remercier *Dieu* d'avoir si bien servi sa cause.

Carles VIII, après avoir fait égorger un million de protestans, ordonne en 1548 une procession générale à *Notre-Dame de Paris*, y assiste, se porte de-là à la Grève, fait attacher des protestans par une chaîne de fer, à une poutre qui jouoit en bascule, sur un brasier ardent. Cette machine infernale leur faisoit éprouver, en s'abaissant et se relevant à plusieurs reprises, les supplices les plus cruels.

Me voilà parvenu au 6oe tyran dont le nom seul fait horreur ; on pressent assez que je vais parler de Charles IX : la nuit de Saint-Barthelmy, Tous ses crimes sont trop connus

pour que j'en souille cet auditoire par le rap-
pel; sa fin tragique fut celle destinée à ses
semblables : et prouva *qu'il est des forfaits
que le ciel irrite ne pardonna jamais.*

Henry IV, le moins méchant de tous, em-
pêche les cultivateurs d'user du droit naturel
de chasser les bêtes fauves qui détruisoient
leurs champs arrosés de leurs sueures. Par
une premiere ordonnance, il veut que tout
paysan, surpris avec un fusil, autour d'une
remise à gibier, soit fouetté jusqu'à effusion
de sang; et par édit du 4 août 1598, il leur
fait défense de porter aucunes armes à feu,
sous peine de 200 écus d'amende, de prison
pour la premiere fois, de perte de tous
leurs biens, et de la vie pour la seconde.

Louis XIII, fait arrêter sa mere à **Blois**; la
laisse mourir de faim et de misere dans une
prison; alliant le fanatisme au parricide. Il
dédie son royaume à la mere de Dieu, et laisse périr la sienne dans un cachot, faute de
subsistance. Cet hautain despote, rend en
1633 une ordonnance portant que quatre pré-
sidens du parlement, viendroient le recevoir
à *genoux*, lorsqu'il s'y présenteroit.

Louis X.V, après avoir incendié l'Europe
par des guerres injustes, fait périr, les protestans par les mains des bourreaux; force ceux
qui échapperent à sa rage, à émigrer; priva
la France, par la révocation de *l'édit de Nan-
tes*, des bras, et de l'industrie de plus de trois

millions d'hommes , qui les porterent, avec leur or, chez l'étranger : il laissa à sa mort quatre milliards cinq cent millions de dette. Il n'est personne de ceux qui m'écoutent qui n'ait oui parler du fameux Tavernier, qui voyagea pendant 40 ans pour enrichir l'Europe des plus belles connoissances sur les *Indes*, la *Pers*', et la *Turquie* Après six voyages dans ces parties , le despote Louis XIV, l'ennoblit en 1668 ; il se retira au canton de *Berne* sur les bords du *lac de Geneve*.

Quelque temps après il vint à *Versailles*, le roi lui demanda pourquoi il s'etoit établi hors de ses états ; sa reponse fut qu'il aimoit *la liberté :* aussitôt le tyran lui tourna le dos, et ne voulut plus le voir.

Le regne de *Lois XV* fut celui de tous les vices ; il fit périr en *Baviere* et en *Boheme*, de froid et de misere, les armées françaises pour tenter de rétablir *Stanislas* son beaupere sur le trône de Pologne. Gouverné par des prostituées, tout se vendoit à l'encan ; charges, emplois civils et militaires étoient donnés à l'or, et non pas au mérite.

Je reviens au *fantôme* du dernier *tyran* ; entouré de brigands , de princes déprédateurs, de ministres pervers, de prêtres intrigans et fanatiques, il ne fit qu'accroitre, par sa nullité, tous les maux de la France, chasser, forger, manger, boire et dormir, telles étoient ses occupations.

De tout ce rapport, il résulte que la France n'eut pas un seul roi digne de l'être, et qui eut gouverné pour l'intérêt du peuple ; qu'il ne s'en est pas trouvé un seul qui n'eut fait, contre la nation, un usage despotique, barbare et féroce, des forces qui ne lui étoient confiées que pour sa défense.

Le cri du peuple s'étant fait entendre, le sceptre fut brisé, et la liberté, l'effroi des tyrans, plana sur la France ; un monstre vint la combattre, il fut détruit.

> Dans ſes deſſeins, *Robeſpierre*, affermi
> Vit qu'il n'étoit plus temps d'offenſer à demi,
> Et qu'élevé ſi haut, mais ſur un précipice,
> S'il ne montoit au trône, il marchoit au ſupplice.

Je ne vous rappellerai point, Citoyens, la journée du 18 fructidor, ni les crimes des *pichegruriens* ; ils ont été anéantis, et la république sauvée.

Aux Citoyens.

C'est par la philosophie que le peuple Français a recouvert sa liberté ; c'est par son courage, son énergie, son amour pour les lois, et la subordination aux chefs qu'il s'est choisi, qu'il l'a conservé dans toute sa splendeur ; c'est par elle qu'il a fait pâlir d'effroi les tyrans et leurs esclaves. C'est par elle qu'*Athenes, Lacédémone, Rome et Carthage*, devinrent puissantes et redoutables à leurs ennemis ; c'est par elle enfin que *l'évé-*

que de Rome, cet illustre imposteur, s'est trouvé forcé, trop tard, hélas! d'abjurer ses pieuses et scandaleuses erreurs. L'autel du fanatisme est détruit ; le regne de la tyrannie sacerdotale anéantit.

C'est par la philosophie que la nation helvétique a repris ses droits pour se réunir à le République Française, et n'en faire qu'une seule avec la sienne.

Les tyrans d'outre Rhin convaincus par l'expérience, que la vengeance du peuple français trop long-temps outragé, ne s'arrêtera que lorsqu'ils seront anéantis, demandent la paix.

La superbe *Albion* voit chanceller *ses tours, et ses bastilles*.

Le pacificateur de l'Europe a arboré le *drapeau tricolor* sur les croissans d'*Alexandrie* et du *Caire* ; la République Française commanda enfin.

Le tyran de Naples a éprouvé le 22 Frimaire dernier, comment les républicains savent venger le parjure et la perfidie. Son armée commandée par le général *Mack* composée de 80 mille hommes, mise en déroute par Championnet à la tête de 30 mille républicains, lui a annoncé que l'heure de la destruction des tyrans couronnés étoit sonnée.

Il étoit réservé à la *grande nation* de venger la justice offensée, la vertu enchaîne, et l'humanité outragée en forçant l'*Anglais* à la paix, et dessiller ses yeux sur le nouveau *Cromwel* qui n'a cessé de trahir ses intérêts les plus chers. Sourd aux justes indemnités réclamées par le Directoire exécutif ; les cris de guerre, de vengeance et de victoire se sont fait entendre, nos guerriers ont volé sur les ondes, pour aller punir en *Asie* le crime et la perfidie, et annoncer aux peuples que dans 40 jours, *le regne de la tyrannie seroit détruit.*

Ces fiers insulaires qui se qualifient insolemment de rois des mers, nouveau Carthaginois, éprouveront dans peu le sort d'*Annibal* ; le combat naval donné à la vue d'Alexandrie, leur a fait voir que la supériorité des ennemis et de leur flote n'étoit pas capables d'ébranler le courage du soldat républicain. Tout le monde connoit ce noble enthousiasme des *Spartiates* au nombre de 300, sous la conduite de *Léonidas* qui arriverent au passage des *Thermophyles* ; l'armée Xercès composée de plus de trente mille hommes, et sauverent la Grece. Passerai-je sous silence la réponse de ces braves républicains à l'observation qu'on leur fit que l'armée de *Xercès* étoit si nombreuse que la grêle de ses traits, obscurcissoit le soleil ; *tant mieux nous combattrons à l'ombre.*

Anglais féroces ! c'est à l'ombre de vos mâts, que les républicains français vengeront les perfidies des *Pitt* et de ses adhérens ;

c'est sur les débris de vos vaisseaux incendiés, et sur vos cadavres épars sur l'onde qu'ils traverseront les mers, pour venir jouir dans le sein de leur famille des bienfaits de la paix générale qu'ils auront procuré aux deux *hemisphères*.

Aux contre-révolutionnaires.

Lâches ennemis de votre patrie! *émigrés; contre-révolutionnaires* ! qui ourdissez vos trames secretes dans l'ombre de la nuit ! prêtres fanatiques qui osez vous ériger en défenseurs de la divinité outragée ! Vils reptiles, qui vous couvrant du masque du patriotisme, n'aspirez qu'à voir incendier nos propriétés, soulever le pere contre le fils, l'épouse contre le mari, le frere contre le frere ; rappeller le gouvernement monstrueux de la royauté, et de l'anarchie ; et réduire la plus belle république de l'univers, en un tas de cendres et de cadavres; tremblez! qui vous garantira dans le fort de la mêlée du feu assiégeans et des assiégés ? qui vous distinguera des républicains ou des révoltés ? Vous entendrez renouveller ce cri de guerre du prêtre de *Rome* au siége de *Béziers: tuez tout*, *Dieu connoîtra bien ceux qui lui appartiennent* : allez porter votre honte et vos remords dans les déserts de la *Sybérie*, où *Paul premier* vous appelle.

Aux modérés.

Patriotes *modérés* abjurez vos erreurs ; réunissez vos efforts, vos vœux, votre amour à la république et au maintient de la constitution ! Représentez-vous le tableau de vos femmes, de vos enfans, de vos propriétés détruites par les suites funestes d'une réaction ! Voyez le soldat ennemi entrant sur votre territoire, le fer et le feu dans les mains, la rage dans le cœur ; pillant, s'accageant, massacrant, incendiant partout où il pénetre. Considérez d'un autre côté nos freres d'armes se repliants, forcés par les droits de la guerre, de brûler vos villages, vos cités, vos magasins, pour ôter à l'ennemi les moyens de subsister ; tels est le sort que les tyrans vainqueurs vous préparent ; d'un autre côté si vous échappez au carnage, échapperez-vous au bourreaux couronnés, à leurs satellites. Les gibets, les trônes, les auto-dafé vous attendent ; l'exemple de *Nancy* suffit pour vous en convaincre.

A l'approche de l'ennemi de la liberté, tout citoyen doit être soldat ; *vaincre et mourir pour la patrie* ou s'ensévelir sous ses ruines.

Aux éleves.

Quand à vous, jeunes éleves ; l'espoir de la nation, persistez à profiter des leçons de

(18)

sagesse, de vertus , de patriotisme qui vous sont donnés par vos dignes et zélés instituteurs. Vous nous avez convaincus de vos talens, de votre moralité, de votre amour pour l'étude des sciences , du desir de vous rendre digne de servir utilement la patrie , et de votre attachement à la république.

Pénétrés des devoirs sacrés de l'amitié et de la reconnoissance ; vous considérerez , tous les hommes comme vos freres ; sans avoir la foiblesse de les craindre ni l'orgueil de les mépriser, ni le malheur de les hair.

N'oubliez jamais que vous devez cette liberté précieuse aux sacrifices de vos peres qui l'ont cimenté de leur sang ! Répandez des fleurs sur leurs tombeaux ; jurez à ces mânes sacrés, de périr comme elles pour le salut de la patrie ! Rappellez-vous leurs vertus, leur constance, leur sonmission aux lois ; et demandez à l'Etre-Suprême le bonheur de marcher sur leurs traces.

A la généralité des Citoyens.

Citoyens de tout âge, de tout état, je n'ai qu'un mot à ajouter à vos vertus républicaines ; soyons bons , chérissons nos freres ; soumis aux lois de la République, honorons l'Etre-Suprême ; et persuadons nous que ce Dieu bienfaisant, toujours juste , *n'éternise jamais les douleurs et la mort.*

Dévouons à l'anathême et à l'exécration générale, la race *capétienne*, depuis *Hugues* jusqu'au dernier ambrion !

Jurons aux pieds de la statue de la liberté de ne remettre l'épée dans le fourreau qu'après la destruction de ces rois parjures *que Dieu donna aux peuples dans sa colere* !

Vengeons l'humanité trop long-temps outragée, en expulsant du sein de la République les *royalisets*, les *anarchistes*, et les *prétres fanatiques*.

Que cet asyle sacré rétentisse sans cesse du chant des patriotes.

Que d'un commun accord enfin les *chœurs* répètent avec moi :

Nous ne reconnoissons , en détestant les rois ,
Que l'amour des vertus et l'empire des lois.

VIVE LA RÉPUBLIQUE.

MOUCHEREL, *Commissaire-Substitut du Directoire exécutif près les Tribunaux civil et criminel.*